思春期・青年期

悩みの特効薬

悩みぬいた青春期の私を励ましてくれた珠玉の名言集

医学博士
谷 憲治
Tani Kenji

悩みぬいた先に成長がある!

青山ライフ出版

思春期・青年期　悩みの特効薬

悩みぬいた青春期の私を励ましてくれた珠玉の名言集

目次

第二章　悩みの特効薬……………55

はじめに

思春期、そして青年期は、気持ちがとても不安定な時期である。具体的な年齢としては、その始まりは中学生である十五歳頃から高校を卒業した二十歳頃までが多いのではないだろうか。ただ、その終わりは個人差が大きく気づかない間に終わっていることも多いようだ。僕の場合、その精神面の不安定な時期は高校入学直前に始まり、日記のような形でその内容を記録に残し始めた。そして、その記録をつけなくなった二十四歳頃まで続いたようであるが、人によれば三十歳代まで続く人もいるかもしれない。

その不安定な精神状態が続く思春期・青年期を生きるということは結構つらいものである。僕においても、その時期は精神面でとても感受性が高く、それが人間関係にも影響を及ぼす苦しい時期であった。いったんその苦しい暗闇の時期に入ってしまうと、そこから抜け出す出口の光を見つけることができず、前方の見えない登り坂を不安いっぱいの気持ちで進んでいくやるせない日々が続くことになる。

ただ、その苦しみは、その後の人生に大きな影響をもたらすことも確かなことである。そのつらさをいかに克服するかをしっかり考えながら生きることは、自分自身をひとりの人間としての成長につなげてくれることは間違いない。苦しいからと逃げ回っていたのでは得られるものは何もない。

悩めるその思春期・青年期は、加齢とともにいつか姿を消していくものではある。それからは、いくら悩みを持ちたくてもその時期は二度とやっては来ない。自分の人間形成において、その後の自分の人生の価値を高めていくためにも、その限られた時期の生きざまは大変重要なのだ。

当時の僕は、思春期・青年期の思いを日記に記録していくとともに、様々な書物を購入して読みあさった。そして、共感できる言葉はペンで線を引き、「指針」と題したノートに書き写した。手書きで書き写すことによって、言葉が自分のものになっていく感覚がうれしかった。およそ六年間の間に一冊のノートは書き写した言葉たちでいっぱいになった。それらの書物とノートは僕の青春の記録として、そして貴重な宝物として我が家の書棚に並べてある。

いつの時代においても、僕と同じような悩める思春期・青年期を過ごしている人は少なくないと思う。僕が愛読した書物の著者の多くは、年齢的には僕の父母や祖父母の年齢ではあったが、おそらく若い時代に自分自身が悩み苦しんだ経験に基づいて産み出された言葉の記録なのだろう。時代によれば、戦争や自然災害、疫病、貧困などに苦しめられた時代もあったかもしれない。しかし、思春期・青年期であるがゆえの悩みは、学業や職業、恋愛・結婚などの普通の社会生活を過ごしていく中でもみられるありふれたものなのだろう。それは、時代を超えた普遍的なものであり、これからの未来永劫においても、人類が存在するかぎり、若者がいるかぎり、次の時代の若者に引き継がれていくのだろう。

本書では、私自身が経験した思春期の苦しみの記録「思春期日記」とそれを克服するために様々な書物から得た珠玉の言葉たちを皆さんに紹介したい。苦しみの内容や程度は違いながらも、同じように悩める思春期・青年期を過ごしている若者たちに、少しでもそれを和らげ、自分自身の糧としていく方法を届けることになればと願ってやまない。

HI-STITCHLESS
THIS NOTE BOOK IS MADE OF THE BEST QUALITY PAPER AND DESIGNED BY YOUNG MEN FOR THE YOUNG. MADE BY KYOKUTO NOTE CO.,LTD.
指針
谷憲治

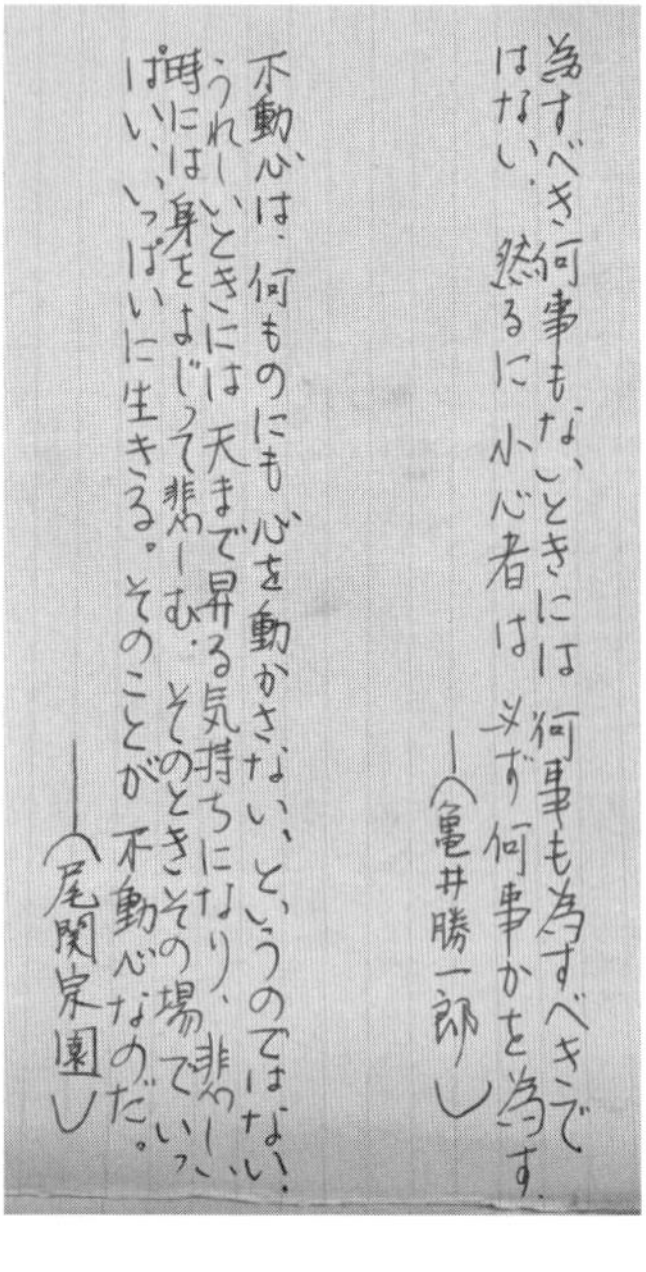
為すべき何事もないときには何事も為すべきではない。然るに小心者は必ず何事かを為す。
―（亀井勝一郎）
不動心は、何ものにも心を動かさない、というのではない。うれしいときには天まで昇る気持ちになり、悲しい時には身をよじって悲しむ。そのときその場でいっぱいいっぱいに生きる。そのことが不動心なのだ。
―（尾関宗園）

実際に書き写した自筆の
名言集ノート

第一章　思春期日記

第一章　思春期日記

一　心の闇への入り口

僕は中学に入学して以来、日記を毎日残していた。しかし、中学時代の自分の日記を読むと、日常生活を記録したものがほとんどであり、「朝八時半に起きた」。「今日は終業式があり、期末テストの表彰もあった」「冬休みの宿題をした」といった日々の行動を書き記した内容ばかりであった。それが、中学生活を終える直前の三月二十七日の日記にいきなり、「自分の情緒不安定さ」や「人間づくり」といった自己をみつめる内容の文章が出現し、その日以降の日記の内容は一変した。

■思春期日記■

「今日は、どうも気分がよくない。不愉快なことが多い。いろんな不愉快なことで気分を害するのは、あまり人間ができていない証拠だと思う。そんなことに少しも左右されず、落ち着いた人になりたい。それでいて明るい人。どうすればなれるのかは分からないが、文学小説を読んだり、苦労することが、一番人間作りには良いと思う」（中学三・三月）

とにかく、この日の日記から今言えることは、僕にとって自分自身の内面を見つめ、人間形成に向けた苦難の道のりが始まったということである。僕はこの日、中学三年の三月二十七日を、自分自身の思春期という心の闇への入り口に立った日と思っている。

僕は、それからの日記を僕の思春期日記とし、青春のメンタル的な苦悩を記録したメモリーとして、この第一章にまとめてみた。その思春期日記は、受験戦争に突入する高校三年の五月まで書かれており、多感な時期の友人関係や精神面の不安定さなどが赤裸々に記録されていた。

第一章　思春期日記

写真：谷　憲治

二　高校入学

中学生から高校生になる時期に僕の生活環境は一変した。田舎の地元中学を卒業し、都市部のマンモス進学高校に入学したことで、父母、祖父母、妹二人と暮らしていた実家生活から離れ、都市部での下宿生活が始まることになった。そういう生活環境の大きな変化が思春期に入ったばかりの少年の心を揺るがしたことは間違いない。

希望の高校に入学し、四月の入学後、一年九組のクラス委員長に選ばれた。クラブ活動は、悩んだ末に柔道部に入部した

四月の日記には次のような意気込みと言える文章が並んでいた。

「勉強は努力あるのみ。目標は京都大学医学部、すごく大きい」

「昨日、入学式。今日現在、クラスの中でも男十九人中五人ほど話せる友人ができた。なんたっ

て、友人を多く持つことは勉強の次に大切な目標だ」

「学校は楽しい。もうクラスの男子はみんな友達だ。全部で高校一年生全体では二十三人ほど男友達ができた。女子の友達は全部でわずか四、五人だ」

「クラブは柔道部に入った。全くの初心者なので苦労の連続だ。今は受け身の練習ばかり。投げられると痛い！　先輩は七人、みんなここには書ききれないくらい気を使ってくれるいい先輩ばかりだ。がんばるぞ！」

三　制御不能な情緒不安定

都市部の高校への入学による新しい友人関係、そして家族から離れた初めての下宿生活に戸惑いながらも、必死で乗り越えようとする日々が続いた。半年ほど過ぎて、やっとそれらに慣れた頃に気持ちの揺らぎが襲ってきた。

思春期は僕にとって精神面の不安定さに苦しんだ時期であった。気分の楽しい時間帯と落ち込んだ時間帯が周期的にやってきた。その周期は短い時は数時間ごとであり、長い時は数日単位でみられた。試験の成績の良し悪し、スポーツの試合での勝ち負け、友人と喧嘩した仲直りしたとかいった、はっきりした理由がなく襲ってくることが多かった。

気分が落ち込んでいるときは、何をするにも楽しい気持ちになれず、しかも自分に自信が持てなくなることがつらかった。落ち込んだ時期に遠足や文化祭、部活動の大会などが重なってしまうと、気分面で楽しめなくて嫌になった。他のクラスメートにもこのような精神面の不安定さがあるかどうかは分からなかった。ただ、僕からみてそういう様子が見えない者がいると、とてもうらやましかった。思春期日記にも自分のその精神面の不安定さについては数多く記録されている。

■思春期日記■

「今日はかなり楽しい日だった。この頃の僕はすごく傷つきやすい。ちょっと嫌なことをされたり、相手にされなかったりすると、すぐ心が重くなってきて、楽しくなれないのだ。楽しくなれる時と、そうでない時は、一日に三、四回変わっていく」(高校一・十一月)

「今日は気分のいい日。気分の悪いときにはどうしようもなくて、楽しく話しかけても全部裏目に出てしまう。気分の悪い日というのは、腹が痛いなんていう生理的なものでなくて、何となく楽しくなれない日のこと」(高校二・四月)

「今日は気分の悪い時がめぐってくる日だった。でも、少しすれば治っていくところが進歩。少し前までは、必死にいい気分になろうとしても余計に気分が悪くなってしまっていた。その必死に治そうとしていたのがまずかったのかもしれない。人間性の向上というのは本当に成功すればすばらしいと思う」（高校二・十一月）

「人間は、性格や人柄が磨かれているのが一番幸せなことだと痛感するようになった。気分の悪い時は、他の人のなすことすべてに腹が立ち、どんな面白いことにも顔がこわばって心から笑うことができない。でも、楽しい気持ちの時には、笑いが心からあふれ、みんなが僕の近くに寄ってくるのだ」（高校二・十一月）

「また、だんだんおかしくなってきた。素晴らしい性格になりかけていたのに、なんだか、また、くすんできた感じ。うわべでは割合楽しく、いつものように人と付き合っているのに、心の中から喜べないのだ」（高校二・十二月）

「あー、だめ。僕はもうすっかり自信をなくした。この二、三日、そういう傾向があったんだけど、今日は気分の落ち込みが最高にひどかった。今までの人格形成の成果がうわべだけだったのだろうか」（高校二・十二月）

「今日は、何とも気分がいい。この間のゆううつは一時的なものかなあ。いや、また再発するかも。でも、今はいい」（高校二・十二月）

「最近、だんだん人間が高まってきた。でも、時々気分の悪い時があるのは免れないものだ」（高校二・一月）

「僕も、この頃だいぶ人間性が高まってきたと思ってる。ほんの三か月間で大いなる成長を成し遂げた。振り返ってみると、この三か月の間は、すごく苦しかった。すぐに気分を悪くして、おかしいことにも笑えなくなってしまう暗黒時代だった。苦あれば楽あり、その楽がやってきたのだ」（高校二・一月）

「この頃、僕の周りで活発な交友関係が起きる。僕の人間的な魅力が高まったことが第一だろう。素晴らしく成長したと思う。でも気分が悪くなることがなくなったわけではない」（高校二・三月）

四　人格形成のめざすもの

人格形成は、僕の思春期の最も大きなテーマであった。人間形成をめざす理由ははっきりしていた。それは、みんなから好かれ、尊敬される人格をもつことで、楽しく充実した友人関係を築きたかったからだ。クラスメートの中には、楽しい会話ができて友達も多く、友人や先生に対してしっかりと自分の意見が言える者がいて、うらやましい気持ちを持った。どのようにしたらこの人のように振舞えるのだろうと、その人の会話や行動をしっかり観察した。その結果、分かってきたことは、うわべだけの会話術を磨いてもだめなんだ、魅力ある人間性を高めることが、友人から好かれるためには一番大切なことなのだ、ということだった。高校生活の後半には、人格や生き方に関する書物を買って、さまざまな気づきを持つことができた。

■思春期日記■

「『人間形成』ということに、僕は必死に取り組んでいる。完成された人格を持ち、人のつけ入ることのできない尊厳を持つ、いや、僕の考える理想像はうまく言葉に表せない。なにせ、今の僕は全然ダメだ。足りないところがいっぱいある。努力の結果から、一年前とはかなり違っているけど、急に変われることはないように思う」（高校一・十一月）

「人間形成。これが大偉業であることが実によく分かってきた。僕の性格の嫌なところを理想にしている性格に変えること、これは一年やそこらでは無理だという気がしてきた」（高校一・十二月）

「人間を高めたい、ということはいつも僕の頭の中にある。人に対するひがみ、ねたみ、陰気さ・・・このようなことは絶対になくすように努力しているけど、まだ完全といえ

る人間にはなれない。温かみがあって、決めるべきところはビシッと決めることのできる強い人間になりたい」（高校一・一月）

「この頃は満足できる性格になりつつある。なんというか、少し前までは、こう言うと相手はこう思うだろう、とか、人の感じ方、受け止め方を考えながら行動していたところがあったけど、この頃は、それが減ってきた気がする」（高校一・一月）

「友を多く持てる条件として、明るく話好きであることは必要だ。ただ、中学時代ならそれだけでよかったが、高校では違う。明るく、よくしゃべるだけでは心の友は絶対にできない。明るい中にも、しっかりとした強い中身を持っていなきゃダメだ。それを持つためにも自分の個性的な世界を作りたい」（高校二・四月）

「ああ、人柄のよい人になりたい。心の底から温かく、親しみやすく、楽しそうでいて、しかもキリっとスパイスの効いた性格がにじみ出るような人になりたい。表面だけに手をつけても、心の奥に何か悪い点があれば、それは何かの形ですぐ表面に出てくる。中学生や高一の頃に比べると、いい性格に近づいているようには思えるけど、本質的なものはあまり変わっていないのかもしれない」（高校二・九月）

「今日は、すごく友人関係の大切さを知った。人との付き合い、これによって僕の人生の楽しさ、明るさが違ってくる。優れた仕事に就くのも大切だけど、人と人との付き合いは、さらに重要だと思う。明るくみんなと話ができて、その話にみんながつられて話しかけてくる。その人のいい雰囲気に誘われて近づいてくる。そういう人になりたい。でも、そればかりではダメなんだな。芯に何か強いものを持っていて、頼られる人でもありたい」（高校二・九月）

「素晴らしい日々が続く。理想的な性格で生活が送れている。ユーモアいっぱいの言葉が僕の口からポンポン飛び出す。クラスに笑顔の素敵な友達が何人もいる。笑っているその顔を見るだけで明るくなれる。僕も心の底から笑っていると他の人から思える笑顔

が欲しい。そのためにはいくら顔だけを繕ってもダメ。本当に心の底から笑えなくてはいけない」（高校二・九月）

「自分自身をみていて、自分でもすごくいいなあと思っている性格がある。それは何でも自分が悪いと思うこと。友人がいて、あまりその友人が笑わないとする。普通なら、あまり笑わない奴だなあ、と悪く思うけど、僕は、僕に何か嫌なところがあって笑えないのかな、と思う。話してる相手が乗ってきてくれないときも、僕の話し方がまずいんだと思ってしまう」（高校二・九月）

「この頃、魅力ある人は、豊かな感情を持った人だという気がしてきた。つまり、相手の話に興味を持ち、おもしろいと感じたら楽しく笑い、その後で機転の利いた話題が出せる人だ」（高校二・一月）

写真：谷　憲治

五　友人関係と人格形成

　友人関係が人格形成に影響するとともに、逆に、人格形成の成果が友人関係に影響を及ぼすことも当時の僕はよく理解していたようである。魅力ある友人をお手本にしていた様子も伺えるし、友人関係がうまくいっているかいないかを観察して、自分の人格形成の成果を見定めていたようだ。人格形成に取り組みながらも、学校の勉強を第一に考えており、将来の職業についても考えを持ち、高校一年が終わる三月には、次のような日記を残していた。友人関係についても思春期日記に多くの思いを書いていた。

「クラスの友人とも今月でお別れかと思うと寂しい。一年九組は、みんなすごくいいやつばかりだった」（高校一・三月）

「将来、僕のすべてをささげる仕事は、科学、物理、生物、地学のどれかの研究室に入るよう

になるかもしれない」（高校一・三月）

「日記よ。おまえは僕のことを心配してくれていたか。長いこと日記をつけていなかったから、体調をくずしているのではないかと。それなら心配はいらないよ。しっかり勉強一筋に励んでいるから」（高校一・三月）

■思春期日記■

「付き合っていて『人間ができている』と感じる友達は、僕の周りに少しいる。僕も、そんな風になりたいと思うけど、なかなか難しい。性格を根本的に変えることは、本当に容易でないということはよく分かってきた」（高校一・十一月）

「自分の人間形成に影響しているのは、一年九組のクラスメートと部活動としての柔道部の先輩・同学年者との交友関係だ。柔道部の部員は全部で八人。クラスの中では思いっきり騒いだりできないのに、柔道の稽古の時は先輩や同僚と楽しく話せる」（高校一・一月）

「同じクラスのダンディ（仮名）にはあこがれる。彼はいつも自分からは話しかけていかないけど、こちらから彼に近寄りたくなるような雰囲気があるのはなぜなんだろう」（高校一・一月）

「前から取り組んでいる性格形成。一人でじっくり考えることもすごく大切だと思うけど、近頃は友人関係から得られるのではないかと思い始めている」（高校二・九月）

「クラスの中心にいる人気者の男子生徒たちと仲良くなってきたのが秋の文化祭の頃だから、この四か月で友人たちとうまく付き合えるようになった。今までの僕の人生で一番よく成長した時期だと思う」。（高校二・一月）

「同じクラスのダンディの人間性がうらやましい。人間的魅力にあふれている。彼は、他人に嫌な気持ちを抱かせることが全くない。彼にも気持ちの浮き沈みはあるようだが、沈んでいるなと思える時も僕から見て好感が持てるので、話しかけたくなる。僕とはいったい何が違うのだろうか」（高校三・四月）

第一章　思春期日記

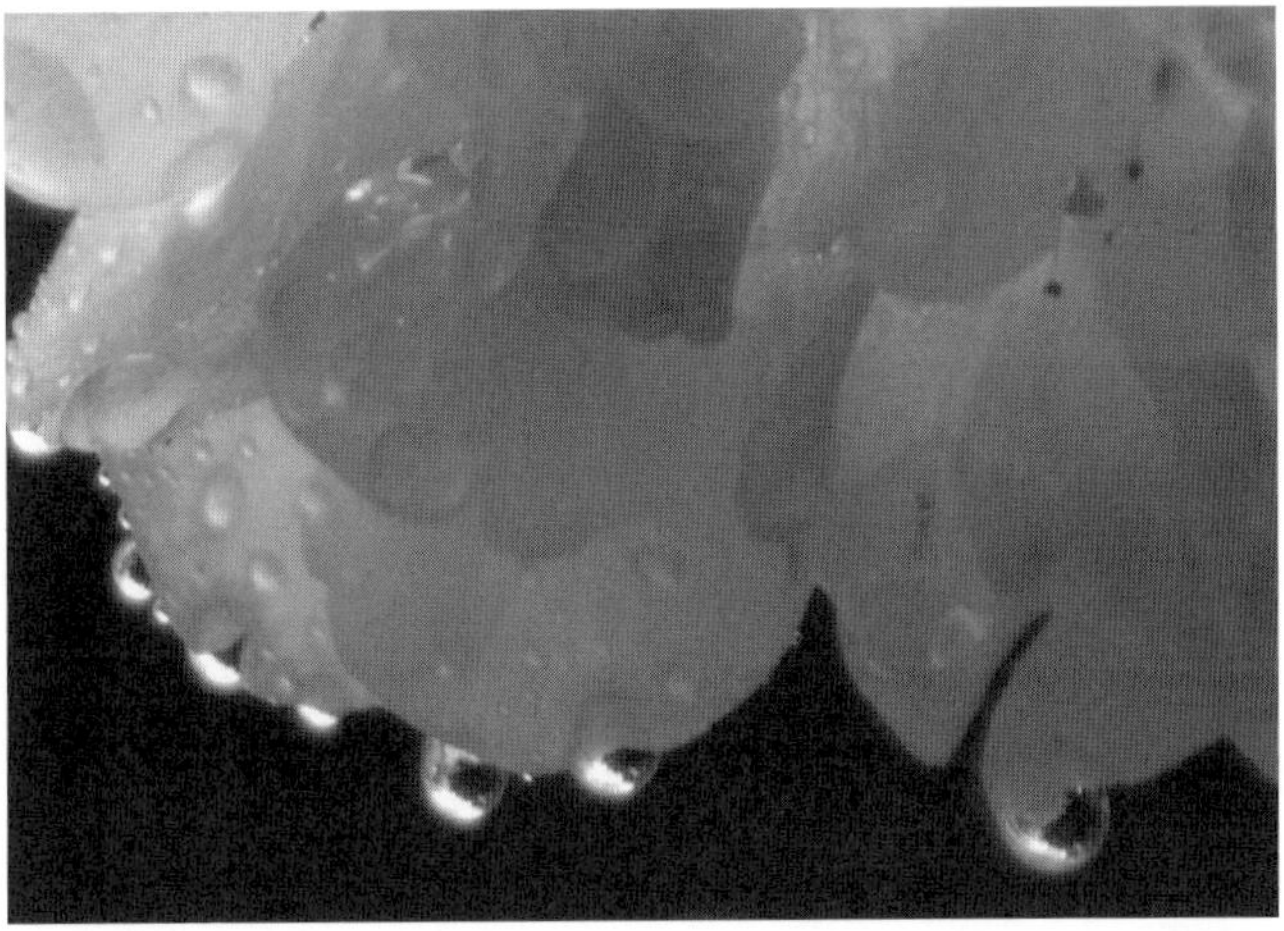

写真：谷　憲治

六　異性と人格形成

高校二年の秋になると、文化祭、体育祭、そして修学旅行といった高校生ならではの大型行事が続く。友人との人間関係や、自分や友人の恋の話題など、この時期の日記の内容はさまざまな出来事で活気に満ちあふれている。

高校時代、女子学生から告白されたことやデートをしたことは何度かあったが、はっきりとお付き合いをした相手はいなかった。ただ、僕にとってのマドンナ（仮名）がクラスにいた。そのマドンナは女性としての魅力だけでなく、圧倒的ハイレベルの人間性も備えていた。彼女はいつも明るく、その笑顔はそばにいるすべての者を幸せにした。先生をも、だ。その輝きは陰りをみせることはなく、僕の理想とする安定した人間性と言えるものだった。その人間的なレベルの差によって、自分がマドンナと付き合うということは想像することもできなかった。

■思春期日記■

「今日は雨、そして暖かい一日だった。この頃女子の中では、マドンナが気になるようになってきた。他にも魅力のある女の子はいるけど、マドンナにはとうてい及ばないという感じがする。他の男友達たちは見苦しいくらいにマドンナに近寄っていく。でも、僕は決してそんなことはしない、いや、できなかった」（高校二）

「マドンナの感じのよさは何とも表現できない。話している相手に気配りをもって話すところがいい。クラス内で目立たない子や嫌がられている子には、特に優しく接する。それが自然なのだ。男子たちがみんな彼女に近づいていくのも無理ないことだと思う」（高校二）

「修学旅行のクラス写真が廊下に多数貼りだされていた。マドンナの写真もあった。彼女のはじけるような笑顔が写った写真はきわだっていた。こんな表情でじっと見られたら、平静をよそおうのに苦労するだろう」（高校二）

「クラスの今の席は、僕の斜め二つ前がマドンナの席。ちょうど教壇の先生を見ようとすると、いやおうでも彼女が目に入る。彼女が後ろの席の友達を振り向いて話している時などは、先生を見ていても彼女の顔が目に入ってしまい困ってしまうのだ」（高校二）

「今日、駅前の書店の三階で参考書を見た後、帰ろうとして一階に降りていくと、通路で立ち読みをしているマドンナの姿をみかけた。ここで僕は迷った。このまま無視して帰ってしまおうか。それとも声をかけて話をしようか。でも、そのまま帰ったら一日中後悔しそうな気がしたので、軽く彼女の肩をたたいて、「バイバイ」と言った。彼女は驚いたようにこちらを見て「さよならー」と言った。僕は立ち止まることさえできず、そのまま通り去った」（高校二）

「今日はクラスでのマドンナの視線がいつも以上に気になった。こちらをじっと見ているときがあった。あの彼女特有のよく笑ったり、冗談を言ったり、人の顔をいたずらっぽく見るしぐさはとても魅力的だけど、本当の性格はまだよく分かっていない気がする」（高校二）

「マドンナはいつも輝いている。落ち込んでいる素振りを見せることはない。それに対して、僕は気分の浮き沈みが激しい。理由もなく突然気持ちが落ち込んでしまうこともあったりする。もし、二人が付き合うことになったとしたら、僕の気分がすぐれない日だと、彼女のペースに全くついていけないだろう。僕は、きっとみじめな思いをしてしまうに違いない」（高校二）

写真：谷　憲治

七　情緒不安定の原因と克服法

情緒不安定の原因について確定的なものは、思春期を終えた今でもよく分からない。自分の本当の感情を抑えて、言いたいことも言わずに、いい子ぶること。そういった自分の感情を偽って無理をすることで、無意識に自分に嫌悪感を持つ結果、気持ちが落ち込んでいくのかもしれない。したがって、その時その時の自分の感情を素直に受け止め、無心の心境でいる時間をもつことは、気分の落ち込みから早く回復できるいい方法だったように思う。よく言われる「自分に正直に生きる」という教えがある。ただ、それはそれで、正直に生きることを意識してしまう結果になってしまい、あるいは自分の正直な気持ちとはいったい何か、とあれこれ考えてしまうことで、新たな邪念を引き出す結果になってしまわないだろうか。

部活動として、柔道の稽古や試合に無心に汗を流す時間は情緒安定にプラスになるようであった。柔道には真剣に取り組み、県下でもトップクラスの選手に成長することができた。高校二年の夏、柔道の高校総体の県予選大会に出場し重量級の個人戦で準優勝をした日の日記には次の内容が書かれている。「決勝戦の雰囲気の中はすごく気持ちがよかった。武道館の中のすべての人が僕らに注目しているというのは、何とも言えない気持ちだった。そして、両者が技をかけるたびに「ワーっ」という大歓声が起きる。勝者も敗者も決勝戦に出ただけで満足だと思う」（高校二・六月）

■思春期日記■

「人には、友達が自分を相手にしてくれない、とか、あんな冷たいことを言われたとか言って、怒っている人がいる（実は僕も最近まではこういう考えは大いにもっていた）。こういう考えは間違っていると思う。そういう風に人にされるのは、九十パーセントは自分が悪いのだ。自分の交際がうまくて、人間が立派なら、そういうことにはならないのだという考え方が大切だ」（高校一・一月）

「柔道部の活動は、一日のうちで最も充実した時間帯のひとつだ。特に一年生が十二人も入ってくれて、その指導にやりがいが持てる。稽古に夢中になっている間は嫌な気持ちはどこかに行ってしまっている」（高校二・四月）

「僕は、どうして近頃は柔道の練習が楽しくなりだしたのか考えてみた。それは僕の本来の性格を知るための手掛かりになっているということ。本来の性格とは、僕には人から支配を受けることの嫌いな性格があるということ。僕の中には、上に立ってやりたいと思っている心が奥底にひそんでいる。先輩の多かった去年よりも、後輩が多くて、柔道部の中心となって活動できる今の方が楽しいのだ」（高校二・四月）

「僕は、近頃、座禅を組んでいる。その理由は、自分の世界、自分のみが存在する世界というものを築き上げることができると思ったから」（高校二・四月）

「今日は本当にまいった。朝から五時間目まで、理由なしに憂鬱な気分だった。どんなにしても顔がこわばってくるばかり。早くいい気分になろうなろうとしていたら、よけいにダメなのだ。無心でいる時間を三十分位過ごすことで、それは治っていく」（高校二・九月）

「秋の夜、ひとり机に向かっていると、なんだか物足りないなあ、と思う時がある。何かで埋め合わせようとしても埋められない。恋でもないし、スポーツでもない、ボヤーっと感じるものは、それは何か現実では満たせないもののような気がする。フワーっと自然に温かく包まれたい、といった感じのものだ。今、北原白秋の詩を詠んでいる。詩の世界に没頭すると、自然の中に入っていける気がして心地よくなれるのだ」（高校二・九月）

「この頃の僕は、熱烈な文学青年なのだ。この間、倉田百三の『愛と認識との出発』・亀井勝一郎の『愛の無常について』を買った」（高校二・九月）

写真：谷　憲治

「今日、テストが終わった帰りに、書店ですごくいい本をみつけた。ボブ・コンクリンの『人間の魅力～新しい自己をつくる～』という本。即、買った。これからは、自分一人で人間形成はこうやったらいいんだ、と考えるばかりより、こういう本も読んで参考にしたい」（高校二・九月）

「僕の一番の欠点が分かってきた。いろいろ冗談を言ったり、面白いことをやって人を喜ばすとき、また人と話をしてつき合うとき、相手の気持ちのことばかりを考えているからダメなんだ。自分中心でいかないとダメ。自分がおかしいから笑う。腹が立ったから怒る。僕は、それができないのだ。自分が興味を持っていることがあれば、相手がどう思うかを考えずに、自信を持ってしゃべれば会話は魅力的になるのだ」（高校二・十二月）

「僕は、ちょっとしたこと、例えば無視されたり、軽く扱われたりすることで、一日中気分が落ち込むことが多かった。僕はその原因をひとつ見つけた。それは、自分というものをよく見すぎているからだ。自分をよく見すぎていると自分を過小評価された時に不満を感じてしまうのだ。

僕の昔からの習慣として、夜中寝つく前に、自分が何か注目を浴びている場面を想像して満たされていない欲求を満足させてから睡眠に入っていた。例えば柔道の決勝戦で相手を投げて優勝するとか、クラスで注目を浴びるようなかっこいいことをやる場面を想像して幸せな気分を味わう。でも、翌日いざ実生活に入ってみると想像通りの結果にならないために落ち込んでしまう。だから、できるだけその習慣をやめるようにした。逆に、柔道の大会で一回戦で敗退したとか、クラスの前で大恥をかいた場面を想像しておくと、実生活ではそれ以上にうまくいくから、楽しい気分になれるのではないだろうか」（高校二・二月）

「僕は、性格にまだまだ大きな波がある。今日は、朝からすごく気分が悪く、どうしようもなかった。今までの経験によれば、落ち込んだ気分をなおすには何かに熱中して、三十分位でもいいので無心になることが一番いい」（高校二・一月）

「今日から僕は、心の改革に取り組もうと決意した。『考えすぎること』これは僕の欠点のひとつだと、二年くらい前から自認している。そこで、考えても意味のないところでは、いらないことを考えるのはよそうと考えた。たとえば、人との会話中に話が途切れてしまった時、早くおもしろい話をしないと相手に悪い印象をもたれてしまう、といったことを考えないようにするのだ。また、いい行為をしたら、ほめてもらおうとすぐ人に報告することはやめよう。ほめてもらえなかったときに落ち込んでしまうから」（高校三・四月）

「昨日思い立ったこと。それは『いいことをして黙っている』こと。試しに実行してみると、とても気分がいい。誰かが僕がやったということを知って、後でほめてくれるかも、という淡い期待があって、未来に楽しみを残しておけるのが気分いい」（高校三・四月）

「気分の上下のようなことに心を捕らわれることなく、一日一日を一所懸命生きていれば、自然にそこから脱却できるのではないだろうか」（高三・五月）

写真：谷　憲治

八　成長のきざし

高校三年間で、人間性は少しは成長できたのではないだろうか。特に高校二年生の時の友人との付き合いの中での切磋琢磨は精神面の成長につながったと思う。また、情緒不安定の問題も、高校卒業後もしばらく続いたが、気持ちを明るく前向きに持てる時間が増えて、落ち込む時間が減っていったように思う。それは、自分の取り組みが正しかったのか、単に年齢とともに思春期を脱していっただけなのかはよく分からない。人格の形成と情緒不安定さの克服への取り組みは、高校卒業後も大学生活の中で継続されていくわけであるが、思春期・青年期に出会った先人の書物からもらった教えは、第二章で紹介したい。

■思春期日記■

「前から心がけた人間形成の成果は十分に出ている。中学時代に比べると、自分に自信を持てるようになっている。僕は間違ってなかったんだ」（高校二・九月）

「学校の友人関係は、今、小学校以来最高だと思う。すごくいい。いつもこうなりたいと思っていたことがある。それは黙って座っていても何かいい雰囲気が出ていて、だれからともなく話しかけてくれる人になることだ。そういう理想に近づきつつある気がする」（高校二・九月）

「今日は、かなり充実した日だった。充実するというのは、他人に自分の存在を認めてもらった、ということだ。でも、よく考えてみると、それは情けないことだ。人間形成に取り組んでいるというのに、まだ、こんなに他人を気にしているんだ」（高校二・九月）

「僕はみんなにどんな印象をもたれているのだろうか。最近よく話をするようになった友人は思ってたより話好きなんだね、と言ってくれる。この頃の僕は、人間的に大きく成長している。目に見えて分かるんだ。いいぞ！もっともっと大きくなーれ。どこまでも大きくなーれ」（高校二・九月）

「実家に帰ると叔父と従弟が来ていていろいろ話をした。叔父や父と楽しく話せている自分を見て、僕も成長したなあと感じた。少し前までは、このままじゃあ、大人になっても父に怒鳴られるばかりでビクビクしてる人間になってしまうと思っていたが、大丈夫そうだ」（高校二・十一月）

「すごく楽しい。僕の性格が望むべきものに近づいていく。気分が悪くなっても知らないうちに直っている。そして、いついかなる時でも誰もが僕に話しかけてくる。みんなの僕を見る目が違う感じがする」（高校二・十一月）

「友人関係は、僕の十六年間の人生のうちで今が最高。クラス全員が僕の友達。誰とでも屈託なく話せるし、僕と話している相手は十分満足していることがよく分かる」（高校二・十一月）

「最近は、嫌な気分になることが少なくなってきた。また、なってもすぐに回復するからうれしい。すごく人間的に成長したなあ、とつくづく思う。僕の性格がよくなったか悪くなったかは、友人との付き合いがうまくいくかどうかで分かる」（高校二・十一月）

「僕の性格がよくなったことは、柔道部の一年生を見ていても分かる。みんなが僕を信頼しているのがよく分かる」（高校二・十一月）

「この頃、人間的にまた進歩した感じがする。いろいろ言いながら、やはり少しずつ進歩している感じ」（高校二・一月）

写真：谷　憲治

写真：谷　憲治

写真：谷　憲治

第二章　悩みの特効薬

第二章　悩みの特効薬

一　物事に動じない強い精神力を求めるあなたへ

＊それぞれの言葉の最後にその言葉の著者名を記した。
僕自身の言葉である場合は、我とし、書いた時の年齢も付した。

僕は、悩める若い頃、不動心、あるいは無（虚ともいう）の心という言葉にあこがれた。周りのちょっとした出来事や他人からの一言を気にしてしまう自分が嫌になっていた。周りに振り回されることのない、物事に動じない強い心が持てれば、どんなに楽な気持ちで生活が送れることだろう。そう願う自分がいた。

有名な僧侶などが修行によって追い求める不動心とは「動かない心」であり、「動かざること山の如し」のように、強風にも地震にもびくとも動かない、すなわち、精神的な攻撃やストレスを完全にはね返す頑丈さを持った心を不動心と呼ぶのだと、その頃の僕は全く間違った解釈をしていた。

同様に、無の心、あるいは虚の心も、目指す心としては魅力的だ。「心が無い」状態なのだから、感情は動きようがない。どんな嫌なことやつらいことも感じる心が無い。生きていく上で、そんな楽なことはない。

しかし、それらに関する書物を読んでいくうちに不動心や無の心は、自分が思っていた姿とは全く異なるものだということが分かり、自分にとって大きな転機になったことを今でも鮮明に記憶している。

■悩みの特効薬■

不動心は、何ものにも心を動かさない、というのではない。うれしいときには天まで昇る気持ちになり、悲しい時には身をよじって悲しむ。そのときその場でいっぱい、いっぱい生きる。そのことが不動心なのだ。

尾関宗園

誤解にも屈しない人は、必ず神仏でなければ天を抱いて生きている。私がすでにない、無私は無敵なのである。

鶴巻敏夫

喜ぶときは、世界を震撼とさせるほどに大きく喜び、憂えるときは世界で自分ほど情けない人間はいないというくらいに大きく憂える。すると、そこには、命が脈々と通ってくる。

尾関宗園

どのような情念でも、天真爛漫に現れる場合、つねに或る美しさを持っている。

三木清

舌が空っぽだから、いろいろな物の味がわかる。甘、酸、辛、塩などのいろいろな物の味は舌の虚から現れ出たものであります。もし、舌が虚でなかったら、たとえば舌に塩辛さがあったら、塩をなめても塩辛いと感じはせぬ。塩辛さという味は現れ出てこない。もし、舌に甘さがあったら、砂糖をなめても甘いとは感じない。甘さという味は現れ出てこない。このように、塩、甘辛、酸、苦というようないろいろな物の味が現れでているのは、みな舌の虚からであります。

本荘可宗

孫行者の行動を見るにつけ、俺は考えずにはいられない。「燃え盛る火は、自らの燃えていることを知るまい。自分は燃えているな、などと考えているうちは、まだ本当に燃えていないのだ。」と。悟空の闊達無碍の働きを見ながら、俺はいつも思う。「自由な行為とは、どうしてもそれをせずにいられないものが内に熟して、おのずと外に現れる行為の極だ。」と。ところで、俺はそれを思うだけなのだ。まだ、一歩でも悟空について いけないのだ。学ぼう、学ぼうと思いながらも、悟空の雰囲気の持つ桁違いの大きさについて行けないのだ。

中島敦

自分はホントはこういうことがしたいのだ、という自分の真の姿を偽ってしまっているのだ。したがって、そこにはエネルギーがない。

加藤諦三

精いっぱい人生に立ち向かっている時、他人はその人を軽蔑したり不信感を持つものではない。

尾関宗園

一瞬一瞬を生ききっている者が、一瞬一瞬を死にきっている。そのときその場をいいかげんに生きている者は、死にきれずに迷っているのである。

尾関宗園

虚とは、いつもこちらの肚《はら》を虚《から》っぽにしていることであります。こちらの肚に何か肚構えといったようなものをもってそれを頼りにしていると、もし事情がこちらの肚構えと違ったものであったりすると、こちらは転倒しなければならぬ。そこで初めからそういうようなものを持たずにこちらの肚を虚にしておく。出たところに応じてこちらが働く。相手の出ように応じて自由自在に手が出る。このあらかじめ知らぬところに任せてゆくのが虚であります。

本荘可宗

写真：谷　憲治

二　うまくいかない人間関係に悩むあなたへ

人間関係における悩みは、思春期・青年期に特別に限った話ではない。生まれて間もない幼児の頃から、高齢者となるまで、人生の悩みの大半は家族・親族や友人・先輩・同僚・恋人などとの人間関係によるものが占めるだろう。

その中でも思春期・青年期は、気持ちの感受性が高いことから、うまくいかない人間関係が格別大きな心の負担になる。また、よりよい人間関係を築けるようになりたいという成長期としての本能が前面に出てくる時期でもある。

付き合いがうまくいかない人がいても、それがクラスメートや職場の同僚であれば付き合いを避けるわけにはいかない。それを、悪い相性として片づけてよいのか、それともうまく付き合っていくやり方があるのか、よく分からなくて悩む若い頃の自分がいた。

人に嫌われることを極度に恐れてしまう。嫌われたくないのでやりたくないこともしてしまう。嫌なことを嫌と言えない。このように自分自身の気持ちを偽って過ごすことは、いつか自分に対する嫌悪感や気持ちの落ち込みにつながっていく。それは、人に嫌われないために自分の意志でない言動をすることで、そういう自分自身を嫌いになってしまう、のだと思う。

自分自身を嫌いになっている自分が、人から好かれるだろうか。いや、それはないだろう。自分を嫌いになっている人間から人の胸を打つ言葉が生まれるとは思えない。人によい影響を与える行動ができるとも思えない。そもそも、人に嫌われないように遠慮して過ごしている人、それによって自分自身を嫌いになっている人に、人間的な魅力を感じることはできないのではないか。

では、人に嫌われてもいいじゃないか、自分に正直に生きていこう、と気持ちを切り替えればよいのではあるが、それは簡単にできる話ではない。

そういう中で出会った名言たちが僕に教えてくれたことは、他人から好かれようとする考え方は、人間関係をよくするための正しい手段ではないということであった。相手に合わせるのではなく、自分自身の信念を大切にして、無の心で人生に取り組んでいくことが、周りの人々からの理解を得、人間関係を築くためにも大切なことなのだ。

■悩みの特効薬■

あなたがいらいらしたり、じゃまに思うような人がいたら、まず、そういう人に対するあなた自身の心構えを変えることである。他人や周囲の状況を変えようなどと決して思ってはならない。他人に対するあなたの見方に問題があるのだ。見方を変えることによって、あなたは、いらいら、失望、落胆を逆に征服できるのである。

ボブ・コンクリン

人間のことを考えるな。事柄を考えよ。

ゲーテ

信頼する友人でありながら、何故かくも互いの言葉が不通なのか。悲しむことはない。そのためにこそ彼と私とは親友なのである。

亀井勝一郎

ぼくはこの一年間、自分が他人に対して許された存在でありたいという願いと、人間として誠実に生きたいという願いをもって苦しんできた。そして、おそまきながら、ぼくにわかったことは、僕の理解するかぎりにおける「人間としての誠実さ」と「他人に対して許された存在」とは、決して共存し得ないものだということである。

加藤諦三

俗悪なものに対しては、種々に言葉を浪費する必要はない。俗悪なものは出現してもすぐに滅びてしまうのだから。

ゲーテ

本心からそう思ったり、感じたりしていないならば、全人間性というボールは、コロコロとなめらかに転がってゆかない。

ボブ・コンクリン

キッパリと決まった自己が形成されていない人間は、他人との関係をつくれない。

加藤諦三

自分の欲求を、激しく持たない現代人であればこそ、優しさも欠如しているのだ。人間の優しさとは、その人が激しく抱いた欲求が満足されない時、その欲求を断念しなければならない時に出てくるものだ。

加藤諦三

人は、悪口を聞かされる時、興味を持っているのは悪口を言われている人のことではなく、しゃべっているあなたという悪魔のことだけである。

十八歳　我

人の心の中を覗こうとするのをやめてごらん。周りの自然の中に、そして自分の中に、純粋で新鮮な喜びが次々と現れてくるよ。

二十歳　我

人が自分のことをどう見ているか。それを忘れて人と対せるとき、本当の交友ができる。

二十一歳　我

人間という車の車輪は、活力と思慮深さである。活力のみの人間は、あまりに軽すぎて車輪が地面から離れてしまって走れない。思慮深いだけの人間は自身の重さによって、車輪がつぶされてしまう。

十八歳　我

写真：谷　憲治

三　周りの人の目が気になってしまうあなたへ

周りの人の目が気になる人、あまり気にならない人、の違いは個人差による要素が大きい。また、自分に自信があるかどうか、物事に集中できるタイプかどうかの要素も影響するだろう。一般的には、思春期・青年期は自分に自信が持てず、周りの目を過剰に気にする時期である。少なくとも僕自身はそうだった。

この時期を思い返してみると、集団の前で話をすることにすごく臆病になっていた。僕は中学校時代には生徒会長を務め、あれだけ堂々と人前で話ができていたのに、高校大学時代には大勢の人の前で話をしたり、文化祭の劇をしたりすることが苦手になってしまっていた。周りの人の目に過剰なプレッシャーを感じる時期に入っていたのだろう。

ただ、よく考えてみると、自分に自信を持てない、そして人の目が気になる、ということは必ずしもマイナスばかりを意味するとも限らない。なぜなら、自分に自信を持ちすぎると他人の意見が耳に入ってこなくなってしまう。逆に、自分に自信を持てなくて人の目を気にする方が、外からのよい影響も受けやすいのではないか。思春期・青年期に、人の目を気にして周囲の人からの影響を受けやすいということは、その時期の人間としての成長につながるために必要とも思える。

しかし、その時期を過ごす当事者である若者にとっては、周囲からの影響に振り回され続けることはつらいことであり、それから逃れるためにも自分に確固たる自信を持てる人間になりたいという模索を続けるのである。ただ、その悩みと苦しみを伴う模索が、後の自身の人格形成につながっていくと気づくのは思春期・青年期を終えてからになるのだ。

ちなみに、思春期・青年期にみられた僕の周りの目が気になる現象は、その時期を過ぎることで消えて行ったことを付け加えておく。

人からほめられるとうれしい。人から高い評価を受けると気持ちが高まる。特に、高い評価を受けていることが風のうわさで入ってきたようなときは、さらにその嬉しさは倍増する。これは、人としてあたりまえの感情であり、決して悪いものではない。

ただ、褒められたいがために無理をするとなると、そこに邪念が生まれる。たまたま、それがうまくいって、その結果ほめられることになったらどうだろう。うまくやってよかった、と喜べるだろうか。いやいや、そうではない。他の人には分かってなくても、その裏事情を知っている人がひとりだけいるのである。それは、自分自身なのだ。自分自身が「この成功は本物ではない」と気づいているということは、自分の自信にはつながらないどころか、逆に、その邪念によって、その出来事は自分への不信を招くことになる。そういう結果になるのであれば、そもそも人をだまして成功して虚栄を得るような行動はやめた方がよいのである。

■悩みの特効薬■

生きていく上で、もっとも大切なものが自分の主義主張である。それにフタをして、なにが自分の人生か。

尾関宗園

われわれは、現実の他人と生活するよりも、自分で勝手につくりあげた他人と一緒に生活しているのである。

加藤諦三

個性的な人間ほど嫉妬的でない。

三木清

自己を追いつめて、出てくるもの、それがホンモノである。動きは、かならず次の動きを誘う。自分の欠点でもいい、その欠点をさらけ出す。人間、裸になったときほど強いものはない。

尾関宗園

本人が悩んでいるほど他人は考えていない。要するに、ひとり相撲をとっているのだ。

尾関宗園

本物は、いつも隠れた美しさをそなえていて、誰かの愛情によって発見されるまで待っている。この「待つ時間」の静かで自然であることが、ほんものの証拠である。これに反して、にせものは美しさをおもてにあらわそうとして、つねに焦っている。だから、どんなに巧みに「待つ時間」を虚構しても、そこには必ず媚態があらわれる。

亀井勝一郎

ある個人の真の成長には、その内面にある可能性が顕現し、外的な規制とぶつかり合うことも必要だ。そこに生じる火花の中でこそ個性というものが鍛え出されるのである。

河合隼雄

相手のすぐれた長所には愛をもって対するより対抗の手段がない。

ゲーテ

男らしい人間は、ルールに情熱を持つ人間である。自分で自分にルールを課し、そのルールが守れた時に満足する。そういう満足だけで、他人を支配したり、様々な物質的な欲望を充たしたりすること以上の喜びを得られるようになれば、これこそ真に立派な人間である。そういう人間は、ルールを破ることを恥と考える。自分で作ったルールで、それを破っても、破ったことを知っているのは自分だけという場合でも、やはり恥と考える。そこまでいったとき、彼は真に恥を知る人間である。

佐藤忠男

もの思う人は、みなどこかで必ず気どっているものだ。憂いは人の心を病ませるが、病むことに虚栄心を抱くからである。これから脱却する道は、肉体的労働による汗と、深い眠りと、快活な笑いである。そして、自分の思いを述べる時は必ずはにかんでなければならない。

亀井勝一郎

自分の考えを表現するとき、最大の敵は誇張だ。より多くのことを言おうとしてはならない。より多くのことを削除しようと心がけるべきである。削除のためには、どれだけの勇気がいるか。

亀井勝一郎

人間の内部に潜伏している矛盾は、必ず時を見て現れる。それを短い期間、おさえておくことはできる。しかし、矛盾があらわれる環境におかれたら、必ずその矛盾は表面にあらわれてくる。

加藤諦三

よほどのゆきちがいからの誤解がないかぎり、自己弁護によって得られる理解というものはない。それはかえって人の心を遠ざける。

古谷綱武

おそらく、人間は真の存在に気づいていく時、他人のなかにある自分の架空の存在に興味をなくすにちがいないのだ。

加藤諦三

行動する人間にとって、正しいことを行うのが重要な問題である。正しいことが起こるかどうかについて心を煩わすべきではない。

ゲーテ

能ある者は、そっと黙っていよ。そっとしておいても、おのずから現れてくる。どんなに装ってみても、結局は人の問題だ。

ゲーテ

自分の行動に対する他人の評価にとらわれすぎてはならない。他人の目を意識すれば必ず心に動揺が起こり、本来の自分を失ってしまう。

十九歳　我

人の目が気になるのは、自分に自信がないからだ。

二十歳　我

人に好感を持たれたいならば、人の見ていない所で好感を持たれる態度をとっていなければならない。

十九歳　我

真実を友として生きて行こう。

二十歳 我

意志を含んだ表情や行動はすべて醜である。

二十歳 我

心が澄んでいれば、その目も澄んでいる。心に余裕があれば、その行いにも余裕がある。
心が美しければ、顔もおのずと美しい。では、そういう心に達するためには・・・？

二十歳 我

笑顔と人なつっこさを、まじめというオブラートで包んだような人になりたい。

二十歳　我

自分が小さい人間であることを痛感するときがある。無限の可能性を持っていると信じていたはずなのに、先がみえてくることがある。何かをやらなければいけないと焦る気持ちだけが空回りして、何をやったらいいのか見当もつかないときがある。

二十二歳　我

生得的な能力に差はほとんどない。大切な時に能力を発揮できないのは、他人を意識してしまうからである。

二十歳 我

人が自分のことをどう見ているか？それを忘れて人と対せるとき、本当の交友ができる。

二十一歳 我

写真：谷　憲治

四　気分の浮き沈みによる情緒不安定に悩むあなたへ

第一章に書いたように、僕の場合、思春期・青年期は気分の浮き沈みの激しい時期であった。その浮き沈みは、思春期以前には見られず、また、青年期が終わるとともに消えていったので、思春期・青年期特有の現象だったと思っている。別に気分に影響するような出来事がなくても、まるで双極性障害（以前の、躁うつ病）のように大きな波を持って気分が上下した。その周期は短い時で数時間、長い時で数日間隔だった。

例えば、ネガティブな気分が数日間続き、それが終わるとポジティブとも言えるメンタルの回復した状態で数日間を過ごすことになる。まるで女性の生理周期で起きてくる精神の安定・不安定の周期のようであった。その中にいる本人は結構大変であり、ネガティブ気分の期間は何をするにもテンションが上がらず、思考もネガティブとなって自分にも自信が持てない。したがって、受験やスポーツの試合は、できるだけその時期と重ならないように気にかけていた。努めても難しいことではあったが。

ところで、なぜ、こんな周期的な気分の浮き沈みが起きてくるのか、その原因には興味を持った。気分がポジティブになる、あるいはネガティブになるきっかけとしての出来事が特にあるわけでもなく、その理由がはっきりしないのだ。その頃、先人たちの教えを読むことで、おぼろげながら見えてきた気分の浮き沈みの理由は次のとおりである。

僕は、周りの目を気にして自分自身の本当の気持ちを偽った行動を続けている。それは、自分自身に無理を課していることになる。その無理が続くと、そういう自分に嫌気がさし、自分自身を否定するようになる。それがネガティブ思考の時期に突入するきっかけになると考えた。そして、一定期間、ネガティブ思考の時期を過ごすことで自分を取り戻すことができた時に、そこから解放される。

つまり､自分に無理をしている時期のポジティブ思考の反動で､ネガティブ思考の時期がやってくる。そして、ネガティブ思考の時期はポジティブ思考の時期に戻るために必要な時期なのだ。それが、無意識のうちに行われているということになる。そういう意味では、二十四時間、三百六十五日、ずっと自分の気持ちに正直な行動ができている人には、この気分の浮き沈みは無縁のものなのかもしれない。

この思春期の気分の浮き沈みは、僕に限ったものではなく、程度の差はあれ、他の若者にもみられるものなのだろう。この読者の皆さんはどうだろう。ただ、他の友人なども観察していて僕が関心を持ったのは、気持ちが沈んでいても魅力ある人間性を保っている人と、近寄りがたい雰囲気を出している人の二つのタイプがいるということだ。

その違いがどこから来るのかを考えてみる。例えば、野球の試合で九回裏に逆転サヨナラホームランを打たれたピッチャーがいるとする。ホームランを打った打者は最高のポジティブ気分であり、観客の大歓声にガッツポーズを繰り返しながらベースを回る。それは見ていて気持ちのいい姿である。それに対して、打たれたピッチャーは最悪のネガティブ気分に陥っており、とても魅力的な姿には見えないのが普通である。しかし、そのピッチャーがそのネガティブ気分を心の底から素直に表現していた時、観客はその姿に感動を覚えることがある。マウンドに崩れ落ちて涙を流す悲しみの姿、あるいは、暴言を吐きながらグラブをグラウンドにたたきつける怒りの姿。そういった姿から純粋な感情が伝わってきたときに、たとえそれが敗者のネガティブな感情であったとしても、それは周りの人に感動を与え、近寄って手を差しのべてくれることにもなるのではないだろうか。

このネガティブな状態からポジティブを産み出す力、これは僕にとってのあこがれなのだ。

■悩みの特効薬■

俺は強くならなければならぬ、という意識の跳躍ではなく、真に自分を強く育ててゆくようにするには、いかにしたらよいであろう。ただ、悩みによって自らの魂を洗い、悲しみと疲れと寒さの中で、自らの心を育ててゆくだけである。悩みの中において、その悩みを脱しようとするもがきそのものによって、心は新しい本当の喜びがなんであるか、はたとそれに出くわす。

本荘可宗

自信とは他信のことである。或る事の結果に対する他人の評価によって、自信あるもののように思ったり、乃至は自信を失ったように思いこむ、自信の持つこの空想性を捨て去らなければならない。

亀井勝一郎

おのれこそおのれのよるべ。おのれを惜きて誰によるべぞ。よくととのえしおのれにこそ、まことの得がたきよるべをぞ得ん。

シャカ

自己に絶望し、自己を否定しながら、第二の自己を形成して行く。絶望とは、「生れ変る」ための陣痛に他なりません。

亀井勝一郎

たとえ多くの欠点があっても、急いでそれを訂正してはならない。なぜなら欠点は必ず長所に結びついているし、欠点を指摘した人自身に錯誤があるかもしれないからだ。

亀井勝一郎

理解を求めることは、ただ自分をよく思わせようとすることであってはならない。また、自分を自分以上に思わせようとすることであってもならない。それが、自分で責任の持てる自分をより多くわかってもらえることである。

古谷綱武

為すべき何事もないときには何事も為すべきではない。然るに小心者は必ず何事かを為す。

亀井勝一郎

人間的魅力を持っていない人はいない。要は、それを引き出す能力があるかないかだ。

二十歳 我

いろいろなところへ行き、いろいろな友と付き合い、いろいろなことをすることによって、それまで気づかなかった自分の弱点や欠点が次々と表面化してくる。それはつらいことだが、知らないまま温存することはもっと恐ろしい気がする。

二十歳 我

写真：谷　憲治

五　人に好かれる会話術を身につけたいあなたへ

高校の同級生にも、大学の同級生にも、人気者がいた。性格も明るく、博学であり、情報通でもあり、話も上手であった。テレビのトーク番組のお笑い芸人のように、人の話に機転のきいた相槌を打つこともうまかった。集団で盛り上がっているときも、いつもその中心にいて、その人がしゃべると盛り上がり、みんながその人の一言を待っていた。

そういう人に比べると、自分は嫌になるほど人との会話が下手に思えた。会話をしても、相手が自分との会話を楽しんでいてくれるのだろうか、気の利かない話ばかりする奴だなあ、などと思われていないだろうか、と気になって仕方がなかった。

しかし、その人気者をうらやましいとは思ったが、不思議なことにその人になりたいと思うことはなかった。さまざまな名言はその理由を僕に教えてくれた。それは、ウイットのきいた会話で周りを楽しませる能力も大切であるが、もっと大切なことがあるということである。それは本心を語るということ。本心から出た言葉は、単なる知識ではなくそれを発した人の本当の気持ちが込められている。気持ちが入っているということは、その言葉を発することができるのはその人しかいないということを意味する。つまりその言葉は、とても個性的な魅力をもって聞き手に響く、ということである。うまい会話術を駆使して気の利いた話題で場を盛り上げる人気者も、本心から出た言葉を持って伝えてくる人の会話の魅力には、結局は歯が立たないのである。

第二章　悩みの特効薬

写真：谷　憲治

■悩みの特効薬■

君の胸から出たものでなければ、人の胸を胸にひきつけることは決してできない。

ゲーテ

言葉を失うことは、心の充実を意味するのであります。言うに言われぬ思い、そこに人間の真実がある。しかも、あえて表現しなければならぬ。その苦しさにおいて、我々は言葉の障碍と格闘し、開拓し、換言すれば精神は自己を形成しようともがくわけで、言葉の困難の自覚が、そのまま人間生成の陣痛となる訳です。

亀井勝一郎

いつも心にあることを素直に表現することにしていれば、おのずと言葉は個性的になります。心はきわめて個性的なものだからです。

松田道雄

どうしても本当のことを言えないときは黙っている方がよい。本当のことを言うのが一番よい。次は沈黙であり、一番わるいのはウソをつくことである。

加藤諦三

沈黙は意思の強さの尺度であります。

亀井勝一郎

多少でも複雑な問題について議論したら、必ず負けることだ。こみ入ったことについて、口先で勝つことほどその人間の品格の低さを示すものはない。

亀井勝一郎

どんな場合でも口論なんぞ気にするな。賢い人でも無知なものと争うと無知に陥ってしまう。

ゲーテ

私のほめ得ないことについて、私は語らない。

ゲーテ

見識の代わりに　知識を持ちだす人がいる。

ゲーテ

「口ごもる」ということは重大なことだ。話がすこしこみいってくると誰だって「口ごもる」だろう。微妙なことを問いつめられたら、誰だって「しどろもどろ」になるだろう。この経験を忘れずに耐え抜くことが精神形成の方法である。

亀井勝一郎

すばらしいあの人と、どうやればうまく付き合えるだろう。どうすればうまく話せるだろう。そのためには、その人と対等に付き合えるだけの人格を持つしかない。

二十三歳 我

我を忘れ、自分の存在をも忘れ、人と話ができるようになりたい。

二十一歳　我

感情がないのに、感情表現だけ身に着けている人がいる。

二十一歳　我

写真：谷　憲治

六　つらい現実から逃避したいと思うあなたへ

「夜明けの来ない夜はない」ように、つらく暗い思春期・青年期もいつかは終わりを迎える。早くそのつらさから逃げ去りたいと願う若者にかける言葉としたらそれに尽きる。しかし、それは過ぎ去った後になってはじめて分かることであって、その言葉によって当事者である若者のつらい心を癒すことはできない。同じ一日でも、楽しい一日は短く、つらい一日は長く感じるものである。暗いトンネルはいつか抜けることができるということが分かっていても、それが何年後か分からない中で、今日の長くつらい一日をどのように過ごしていこうか、を考えるのに精いっぱいになってしまうのである。

そのつらい現実からの逃避を考えるのではなく、うまく付き合って生きていくためのアドバイスをさせてもらうと、次の二つになるであろう。

一つ目は、思春期・青年期の苦しみはいつか終わりが来るということ。それは急に終わるのではなく何カ月、何年かをかけてフェードアウトするように徐々に弱まり消えていく。この苦しみがいつ消えていくのか楽しみに待つことにしよう。

二つ目は、この思春期・青年期の苦しみと悩みは、必ずその後の自分自身の生き方に好影響を与える。トンネルを抜けた後には、トンネルに入る前よりも明るく、心を豊かに持てる世界が待っている。そして、トンネルが暗いほど、そして長いほど、抜けた後の世界はより明るいのだ、ということを信じてこの時期を過ごしていこう。

■悩みの特効薬■

絶望の向こうにあるものは、絶望を通してしか発見できない。

加藤諦三

俺は強くならなければならぬという意識の跳躍ではなく、真実に自分を強く育ててゆくようにするには、いかにしたらよいであろう。それは、ただ、悩みによって、自らの魂を洗い、悲しみと、疲れと寒さの中で、自らの心を育ててゆくだけである。悩みの中において、その悩みを脱しようとするもがきそのものによって、心は新しい、本当の悦びがなんであるか、はたとそれに出くわす。

本荘可宗

こういう愛憎は、みな比較に縛られていることからきている。それを、いまここで、この世のことをすべて捨ててごらんなさい。この世の比較だの愛憎だの問題でない。問題にしなければ、そんなものは幻の本性を顕して消えてゆく。

本荘可宗

不平を言いたくなった時こそ、熱意が必要になる。ファイトを持って問題にぶつかりなさい。問題が起こったら、これこそが人間性確立への絶好のチャンスだと思いなさい。

ボブ・コンクリン

誤りは真理に対して、睡眠が覚醒にするような関係にある。人が誤りから覚めて、よみがえったように再び真理に向かうのを私は見たことがある。

ゲーテ

計算できる範囲の具体的な目に見えるもので得している人間は、人間としては失敗しているのである。必ず損をしている。

加藤諦三

今、いくら相手を口先でやりこめても、もっと口先の達者なやつにはかなわない。今、いくら知識で相手をやり込めても、もっと知識の豊富なやつにはかなわない。本当に優れた人間は何かということを考えなければならない。

二十二歳　我

僕の尊敬するあの人の心の中に入って、二、三日暮らしてみたい。

二十歳 我

好運は誰にでも同じようにやってくる。しかし、努力という航海の中で出会った好運はその努力によって倍加される。

二十歳 我

七　立派な人格を持ちたいと願うあなたへ

思春期・青年期は人格形成にあこがれた。成長期ともいえるその時期は、人格形成を目指す最善の時期だと思っていたし、今もその考えは変わらない。人は日常生活の中でさまざまな悩みを持って生きている。特に思春期・青年期の記憶は、楽しかった思い出より、つらかったことや悩んだものの方が多い。その悩みの解決には、よい人間関係を築くための付き合い方や上手な話術の習得など学ぶべきテクニック的なものもいろいろあるかもしれない。しかし、それよりも、立派な人格を築き上げることが本質的な解決法であり、それによって人から敬われ何事にも負けない人となり、あらゆる苦難にも悩むことのない人物になれるだろう、と考えた。

人格形成について、さまざまな教えに共通していることがあった。それは、自分に降りかかる苦難に正面から立ち向かうことで自分を鍛え上げるということだ。逃げてはいけない。その苦難には、大けがをしない限り、とことん立ち向かっていく。その結果は問題ではない。その切磋琢磨によって、精神力が磨かれ、何事にも対応できる優れた人格が形成されていくのである。

人生、楽しく過ごしたい。嫌なことは避けて通りたい。ただ、その後の人格形成を考えた時は、ストレスのない楽しい時間を過ごすだけでは得られるものは少ない。楽して筋トレはできない。筋肉にある程度ストレスを与えないと筋肉は強化できない。ただ、好んで災害や事件を経験するべきだ、というものではない。楽しく、安全な日常生活を送りながらも、自分を成長させる苦難の選択肢があった場合に「若い時の苦労は買ってでもせよ」の精神で臨むことが大切なのだろう。

■悩みの特効薬■

人間性を変えようとする努力は、あなたの個性が強く、小さい時から積み重ねられた根強い性格や習慣などがあると、一度や二度くらいの努力では何の効果もあがらない。湖の大波の中に投げ込まれた石のように、全く無駄に終わってしまうのだ。

ボブ・コンクリン

真の自分に一歩一歩近づいているという感覚は、まさに自己の存在の実在感なのである。それはまた、えらく感動的なものである。

加藤諦三

一日中、起きているときは、いつも自分自身を訓練しているのである。他人に無関心なら、それは無関心でいる習慣を身に着ける練習をしているのである。

ボブ・コンクリン

真の誠実とは、他人にも自分にもウソをつかないということである。しかし、果たしてそれに耐えられるだけの強い精神の持ち主は、現代に何人いるだろうか。

加藤諦三

自由の最大の敵は、自分自身であることに気づく人は少ない

亀井勝一郎

道はすべての人の前にひらかれている。しかし、見栄や虚栄心、憎しみやうらみ、欲の深さや身勝手な自分本位、そうしたものに心を縛られていると、その心の不自由さによって、その人は、自分から自分の道を閉ざしてしまうことがある。

古谷綱武

あらゆる偉大なものは、われわれがそれに気づくやいなや、われわれを形成する。

ゲーテ

君の目を内に向けよ。しからば、君の心の中にまだ発見されなかった一千の地域を見い出すであろう。そこを旅したまえ。そして自家の宇宙誌の対価となれ。

ソロー

理解していないものは、所有しているとは言えない。経験したことは理解したと思い込んでいる人がたくさんいる。

ゲーテ

何人も他の人と等しくあるな。だが、みな最高のものに等しくあれ。どうしたらそれができるか。みな、めいめい、自己の内部で完成されてあれ。

ゲーテ

とことんまで自分を窮地に追い込んだことのある人のみが立派な人になれる

二十歳我

真実を友として生きていこう。

二十歳我

自己形成の最大の敵は、自分自身である。

十八歳我

意志を含んだ表情や行動は、すべて醜である。

二十歳我

八　必ずやってくる死 ～永遠の暗闇の世界～ を恐れるあなたへ

この世に生を受けた以上、死は必ずやってくる。死に関しては例外なくやってくる。もちろん、自分は経験したことはないが、生物学でもそう学んだし、身の回りで死が来なかったという例外を見たこともない。そのように、自分の未来に必ず起こってくる死ではあるが、死ぬことに対する恐怖心は、時に自分を襲ってくる。僕の場合は、明るい昼間の行動時間ではなく、夜の、特に寝室の電気を消して。眠りに入る前に、その恐怖心が襲ってくることが多い。それは、日常生活では他に感じることのないほどの強い恐怖心であり、表現すると自分が真っ暗な底なしの空間に落ちていくような感覚である。ただ、その恐怖心が続く時間は短く、ほんの数十秒くらいでしかない。

死への恐怖を感じることは年齢とともに徐々に減ってきた。最も強く、頻回に感じていた時期はやはり、思春期・青年期であった。その時期を過ぎた今、それは無くなってしまったわけではないが、その恐怖心の頻度は減っている。ただ恐怖心の強さはそんなに変わっておらず、相変わらず年に数回の頻度で発作的に起きるその恐怖に苦しめられている。

青春期の悩みや苦しみと違って、死に関してはそれを知る先人に教えをもらえるものではない。いかに長寿の哲学者であろうと僧侶であろうと、この世に生きる者で死後の世界を経験した者はいない。すでに死んでいる人と会話することも不可能である。死ぬことでその人の肉体も精神も消滅し、生物学的にみた人としての存在はなくなってしまい、生まれる前の無の存在に戻ってしまうということが科学的には正しいと思える。しかし、それを実証してもらえる人がいない限り、いわゆる「あの世」「天国」といった死後の世界の可能性は、我々の死後の恐怖を和らげてくれる存在として存続していくのである。

思春期・青春期に出会った書物の中で死についての考えを述べたものもみられたが、その多くは宗教的な内容が多かったように記憶している。

■悩みの特効薬■

若いということは、生きていくということの上では、まだ無力ばかりが多すぎる。そのために、心はたえず動揺している。その不安定を耐えているのが、若い日の心だともいえなくはない。まだ生はもろく、死を思うのである。

古谷綱武

愛する者、親しい者の死ぬることが多くなるに従って、死の恐怖は反対に薄らいでゆくように思われる。生まれてくる者よりも死んでいったものに一層近く自分を感じるということは、年齢の影響によるのであろう。

三木清

われ未《いま》だ生を知らず、いずくんぞ死を知らん

孔子

われわれが死を怖れているのは、実は死を怖れているのではなくて、死の観念をおそれているのだ。自分は死ぬとの想念《かんがえ》に人は悩まされている。実際に、人間は自分の死を見たことも経験したこともありません。自分には「自分の死」というものはありません。

本荘可宗

私ども平生、死の問題といっておりますのは、実は死の問題なのではない。死の恐怖の問題なのであります。それでは、死の恐怖とは何であるか。死にぎわの苦痛のことであろうか。それもあるかもしらぬ。しかし、なお恐ろしいのは、それで自分は終わるということ、死滅すること、自分がなくなるということであります。

本荘可宗

多くの人は生の終わりを死だと思っています。これはとんでもない間違いであります。生存は線ではありません。終わりではありません。いつも死と共にあるのであります。元来、死であるべきものが、不思議にも今日もまた生きえているのであります。人間とは「いつか死ぬ」ではない、「本来死であるべきもの」であります、死が実体であります。生の方が仮りであります。生が終わって死が来るのではない。死であるものが、今日も生きているのであります。

本荘可宗

思えば、生きている方が不思議なのであるわけです。死の方が本来の姿なのであります。

死は決して生の終わりではない、生と共にあるものです。「いつか死ぬ」ではなかった。

「死であるものが今日も生きていた」とこそ言うべきであったのです。

本荘可宗

写真：谷　憲治

おわりに

思春期・青年期は苦しみの時代である。しかし、悩み苦しんだその後には成長した自分が待ってくれている。「高くジャンプするためには一度かがまなければならない」とすると、低くかがめばかがむほど、その後のジャンプは高くなれるのかもしれない。ただ、低くかがむにもそれを支えるだけの体力（脚力）が必要だということを忘れてはいけない。低くかがみすぎてバランスを失い、転倒して怪我をしないように気をつけることも忘れてはならない。もっと低くかがもうと無理をしてしまうと、心に深い傷を残したり、最悪、命を失うような結果にもなりかねない。思春期・青年期という時期は、心の成長の可能性を秘めているとともに、リスクも抱えているということだ。自分の精神力にみあったストレスのかけ方を忘れないようにして、自分を追い込み過ぎないようにしてほしい。信頼できる周りの人に相談したり、書物に頼ることも大切なことだ。

人格形成は思春期・青年期の特権である。その時期を過ぎるといくらその気があっても心は動いてくれない。その感受性の高い時期は一生に一度しかない。貴重なその時期を過ごしている皆さんは、いくら苦しくてもいつかその闇は終わり夜明けが来ることを信じて、今を乗り切っていただきたいものだ。

この年齢になり、思春期・青年期の苦しい経験を終えた僕は、その苦しみには必ず終わりが来ることを知っている。だから、最後に、若いあなたの肩を軽くたたきながらこう言ってあげたい。


「悩みを持てるということは、あなたは若く、成長期にあるということです。しっかり悩みぬいてください。そして、自分の素直な感情や気持ちを大切にして、今、この瞬間瞬間を生きていきましょう。その先には、優しい心を持ちながらも、強くたくましく成長したあなたが待っていてくれるはずですから」

著者紹介

谷　憲治（たに　けんじ）

仁寿会 東洋病院院長

医学博士（徳島大学）

1957 年 徳島県神山町鬼籠野生まれ

1973 年 神山町神山中学校卒業

1976 年 徳島県立城東高等学校卒業

1982 年 徳島大学医学部医学科卒業

2007 年 徳島大学大学院特任教授

2023 年 仁寿会 東洋病院院長

思春期・青年期　悩みの特効薬

悩みぬいた青春期の私を励ましてくれた珠玉の名言集

著　者　谷　憲治

発行日　2025年3月7日

発行者　高橋 範夫

発行所　青山ライフ出版株式会社
〒103-0014 東京都中央区日本橋蛎殻町 1-35-2
グレインズビル5階52号
TEL：03-6845-7133
FAX：03-6845-8087
http://aoyamalife.co.jp
info@aoyamalife.co.jp

発売元　株式会社星雲社（共同出版社・流通責任出版社）
〒112-0005 東京都文京区水道 1-3-30
TEL：03-3868-3275
FAX：03-3868-6588

ISBN978-4-434-35443-4